Kenza L.

Poesie Baroque

Kenza L.

Poesie Baroque

Lisez autrement!

Éditions Muse

Imprint
Any brand names and product names mentioned in this book are subject to trademark, brand or patent protection and are trademarks or registered trademarks of their respective holders. The use of brand names, product names, common names, trade names, product descriptions etc. even without a particular marking in this work is in no way to be construed to mean that such names may be regarded as unrestricted in respect of trademark and brand protection legislation and could thus be used by anyone.

Cover image: www.ingimage.com

Publisher:
Éditions Muse
is a trademark of
Dodo Books Indian Ocean Ltd., member of the OmniScriptum S.R.L Publishing group
str. A.Russo 15, of. 61, Chisinau-2068, Republic of Moldova Europe
Printed at: see last page
ISBN: 978-620-2-29955-8

LA POESIE BAROQUE

ALL, YOU HAVE IT !

Seule, Seule,

Ton idée est réelle

Je ne suis disponible pour lueurs d'espoir

J'ai vécu la vie avec plein de Bonheur

J'ai vu les sourires effacer le Noir

Voir la Misère et ne la cautionner

Le doute est un tueur ordonne

Travailler le mouvement, de manière subjecte

Dire que le lendemain est une étoile abjecte

Dispatcher les mœurs et les écraser

Sur un Rivage plein de cœurs abandonnes

Arrêter les idées en pleine expansion

C'est un nuage de points en Rédemption.

NEW BALANCE

Profiter de l'instant présent
Des lois, des lignes et des lettres
Seul le créateur peut en dire, STOP !
Je ne puis dire, faire ou entreprendre
Sans sa permission inégalée

Hey ! Toi, que suis-je pour te juger ?
Je suis une personne jaugée !
J'ai traversé les routes sauvages et enragées
Je me suis retrouvée piégée
J'ai statue sur l'esprit dérangé,
J'ai voulu lui donner un coup d'Eclat,
De a poussière, je n'ai pu ranger
La suite reste une zone protégée

Amen a tout ce que tu dis certes !
Le résultat constate est inerte
De l'écriture, je suis adepte
De jouer les lignes ouvertes
Donner une fin heureuse à la suite

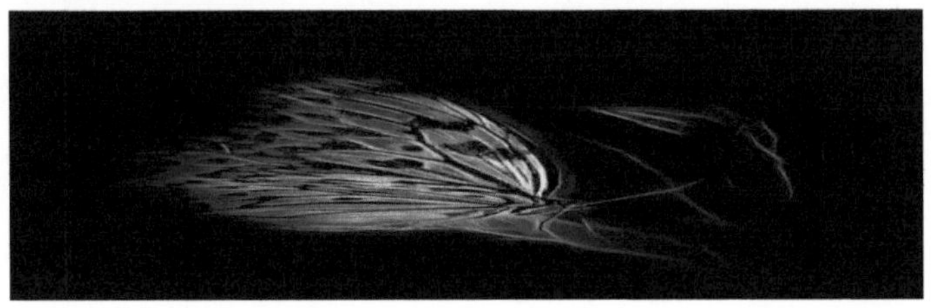

APPLAUSE!

Avenir, celle du moi

Désir, celle du surmoi

Des jours, je ne vois que lui

Cieux, je ne sais que le 7

Des retards, c'est le rouge

Des limbes, j'allume une bougie

Contrefaçon, je te fais la marque

Packaging, Je te reprends un Jean

Pepe, C'est ton nom

Jeans, c'est ta fabrique

Tout est Méli-Mélo, ALPHA

Allumer sur feu doux. BETA

Dormir jusqu'à la fin, GAMA

Ecrire est un ART

(Habilite, Rareté, Travail)

NEW YORK, NEW YORK,
Une ville rare et magnifique
Du jaune, tout est publique
Des rues vastes et intrépides
Le voyageur se perd à pied,
Tout est possible et a sied
Je ne puis parler sans photos,
C'est une aventure à un air rigolo
Je vois les tours en continu,
Je découvre les looks descendus
Amen a tous les inconnus
D'une voix frivole, le visage reste nu
De toute réaction ou grimace,
Les chauffeurs doivent faire face
D'une clarté discontinue, je te suis
Je dois te retrouver avant la nuit
Au revoir et à bientôt,
Votre cœur bat du coup.

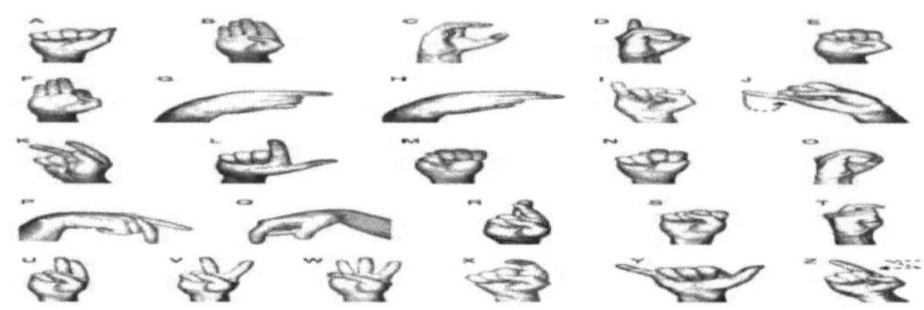

Un Humain!

L'humain est fragile,

C'est une miniature

Une panoplie de ressentis

Un regroupement d'évènements

Tout est dessus dessous

Amen a toutes les répliques

Aloha! à tout public.

Je ne suis pas un souvenir

Je suis des sentiments,

Je suis une voix,

Je suis un esprit vivant.

La vie ne fait pas cado,

La vue, non plus

Restez loin de moi,

Je suis comme je souhaite être

Je vous déteste comme je vous aime

Mais ma vie est un fait éternel.

Ne sortez pas vos kalaches

Je suis assez grande pour me défendre est raté!

Ecrire pour vivre!

Je ne vois ta lumière étincelle
Je ne comprends ton langage éternel
Je vois et je vis à la lune et au ciel
Je ne t'aime pas et c'est démentiel
Tout est dessus dessous, Santander
Amis et ennemis, un rivage calendaire
Tout est civilise et aimable,
Loin des dérives estivales.

Je n'entends que cette voix loufoque
Des rives glaciales et soudaines,
Sur un banc en bois et sordide,
De nature muette et limpide,
Tu ne vois que l'ombre sommaire
Pour toi, tout est ordinaire
J'ai rencontré la lune solaire
Pour contribuer au lendemain hiver.

Pourquoi croire en cette équation
Tout est remue en une fraction,
Les chiffres délivrent leurs relations
Tout devient une malheur donation,
Inaccessible mais riche en émotions.

Une lettre reste volatile,
Ton mouvement est parfois futile
De ta prononciation, on se disperse

De ta couleur, on s'adresse
J'ai vu et entendu les 100 différents
Que toute relativité ne suffit
Pour répondre à cette énigme
Défendre à la lettre mime.

LA CIBLE

Gueule, Gueule,

Ton idée reste seule.

Nulle, Nulle,

Ton corps est Bulle.

Je ne puis te refuser,

Je ne peux t'accepter.

L'or est partout,

L'argent dort du coup.

Se retrouver est une aventure,

Se quitter est une structure.

Je ne vois celui qui m'a tué,

Je vois celui que je vois flinguer.

Ramadan

Ramadan, Ramadan,

Les premiers jours, c'est une dent

Les nerfs montent en crescendo,

Les insultes sont comme même Tabou,

Je ne te vois qu'après manger

Je t'écoute qu'après fumer

Je te raconte des histoires, passer le temps

Je fais la prière, frimer debout

Je suis ta flamme, ta réanimation

Je suis celle qui anime la table,

Je fais une odeur sympathique

Je te fais vivre des heures inoubliables

J'aime inviter des gens à ma table

Le poisson, c'est l'amour inégal

Les mains se frottent avant la sonnette

Les cris sautent de joie, Estomac

Les femmes font le bonheur, Fame

Les looks se subdivisent, couleurs

Les yeux rives sur la salle

Tout est à reprendre, lendemain fatal.

Le sujet SVP !

Je me pose plein de questions,
L'idée, une façon de fredonner l'hameçon
J'ai trébuche du coup,
Au calvaire de la réflexion,
Une manière perplexe de se retrouver,
Un monde sans jugement, de la réalité
La question se pose, séquentiellement
La créativité est faite sur un sursaut,
Une vue s'est éclipsée,
D'un refrain superpose et muet,
Jadis, je ne puis voir la lumière
Le soleil cache toujours le lointain.
Un sourire m'effleure continuellement,
Sur un texte malmené mai percutant.

Short story!

Un Cœur ressuscité

Un rêve repris

Un chagrin efface

Un sourire livre,

Toute équation est balancée.

Devenir ou advenir,

Parler est une aventure

Cerveau, cœur et parole

On remue ciel et terre,

Que sais-je de la raison ?

Quand la raison a disparu

Une porte s'ouvre,

Un avenir se retrouve,

Tour est beau, par magie

Tour est magique, par beauté

Je ne dupe pas Dieu,

Je suis mes yeux,

Merde, pour cette beauté intérieure

Je ne perds pas de temps,

Je fais du bien, Ravie

Je souris aux gens, merde !

Je donne espoir, salut !

Je fais rêver, avenir !

Je suis ta maman !

What ?

Je suis la voix,
Celle qui porte l'idée,
De bout en bout,
Celle que personne n'effraie,
Pour arriver jusqu'au loup,
Je suis transparente aux gens,
Mais visible pour les âmes,
Je ne vois pas l'horreur,
Je ne contemple que les fleurs,
Je suis celle que tout le monde admire,
Mais personne ne m'aime,
Pourquoi dois-je vous juger ?
Quand tu t'outrages toi-même
Je t'arrête au bout du fil,
Je ne suis pas agile,
Mon son est inaccessible,
Je suis relative et utile.

Pensez-vous que …

Gueule, Gueule,

Ton idée reste seule,

Nulle, Nulle,

Ton corps est une bulle,

Je ne puis te refuser,

Je ne peux t'accepter,

L'or est partout,

L'argent dort du coup.

Se retrouver est une aventure,

Se quitter est une structure.

Je ne vois celui qui m'a tué,

Je vois celui que je vais flinguer.

Romance

Romance, Dieu te supplie

De tes délires et rires, je ne peux fuir

Accablée de remords et tristesse,

J'ai fait les 100 pas sans détour

Amour éternel ou fraternel,

Qui suis-je pour jauger ?

Infini sentiment de détresse,

De tes questions, j'ai senti la paresse

Armée jusqu'aux dents,

J'ai détourne la tristesse

Pour ne faire qu'une bouchée

D'un chien en Longueur hurlement

Debout ou assis, soit

Fuir la mer agitée, caresse

J'ai trouvé la route bloquée, mince

Puis-je parler ou non, creton de souplesse !

Rire ou Feu-rire,

La chaleur a transporté l'intérieur,

J'ai regretté le début pour l'inferieur,

Franchement, suicide puis-je ?

La question ne se pose plus, Le stock rompu

D'un contrat, J'ai rempli le Bateau

D'un corner à l'autre, J'ai parlé 'TOTO'

J'ai crié jusqu'au vomis du saint-clair !

Fausse Note ou Voix retournée,

Je ne suis pas dupe de a parole

Faisant contrat avec le diable

J'ai trifouille sur le câble

Que faire pour arrêter le drame

Salutations, qui ont compris la trame

Endormie jusqu'au bout,

J'ai englouti les clous

La vie, faisant plein de Bou

Que sais-je de la remarque

Les mots sont sur mes marques

J'ai cru duper le monde

Toute retournée dans une Bande dessinée !

Arbitrage sur l'Avenir,

J'ai cru quelques mots pourraient suffire,

Certaines âmes déclinées,

La voix associée à une dent scie,

Je ne fais aucune allusion,

J'ai regretté la suspicion.

Quel Amour !

Amour, Amour,

Que puis-je faire pour toi?

Je toque à la porte, je suis perdue

Le voisinage a pris le relais de penser pour toi

Comment puis-je t'expliquer ?

Quand tu dors, ils imaginent à ta foi

J'ai voulu sortir une loi ?

Mais j'ai laisse couler les pas.

Il y a une réalité qui va de soi,

Sans scrupule, je suis gagnante sur les 100 pas.

L'imagination et la mémoire n'oublient pas

Le corps pense et répond à son poste,

Les circonstances sont très relatives

A se dire ou est le chemin trace ?

On se croirait dans la dérive

Mais tout n'est loin qu'une voix

Sordide, amère et inutile

Certainement, les points ne collent pas

La réponse sera parfaite de loin pour réussir !

Je ne suis pas rescapée

J'ai été kidnappe

J'ai fait le chemin pour revenir

Les pierres étaient assez lourdes pour prévenir

Tout de même, C'est Moi

Je ne peux trahir pour un Mec, comme ca

On a travaillé ensemble sur toute la ligne

Pour dépasser un simple POURQUOI ?

Oh ! la vie

Que la vie vît à travers ton âme

Ne suis pas la grisaille et trouves ta trame

Les jours se ressemblent, n'en fais pas de drame

N'oublie pas, t'es à Paname

Que toute bonne chose soit vécue

Les yeux rivés sur les objectifs reclus

Les pensées sillonnent loin du refus

Et la clarté surgit comme un flux

Ne vous faites pas d'illusion

Restez positif reste la conclusion

Ayez courage et intrusion

Pour faire face à cette confusion

Une imagination Vivace

Ciel et Terre, je vous remue

Vent et Boue, je vous retiens

Rien n'équivaut le panache de votre odeur

Je ne puis retenir mon souffle de cette ardeur

Je suis et je vis tout, au sens contraire

J'ai cru l'horloge, Invaincue

Mais les aiguilles tournaient à rude épreuve

Sans faute, je vous salue

Sans rancune, je vous défie

Que suis-je pour interpréter ?

L'interminable salut !

Au secours, dit-il d'un soin dépourvu

Mais suis-je la Hélas, pour y répondre !

Oh, GOD ?

A la recherche du sacré petit Bonheur

J'ai vécu une semaine en plein régime et horreur

J'ai cru atteindre le plus haut sommet en fleur

J'ai fait une chute de pleine ampleur

Les évènements se sont succédés sans précèdent

Je me suis retrouvée plein dedans

J'ai cru toucher le fond encore une fois

J'ai cru en ma foi

Intouchable et résistante

Aux évènements, la boucle tournante

Tout défi mérite d'être relevé

La vie prend ainsi son sens figure

Encore

Tout est passé si vite

Les esprits sont restes avides

D'autres blagues et rires

Et des instants à fou rire

Take care anyway

You got the spirit that way

You will find yours one day

And create the surprise Night & Day

Don't be Sade!

I am not dead

Just looking overhead

For Challenges, Instead!

Je n'ai cru dire cela si tôt

Et pourtant, je vous dis à bientôt

Ce n'est pas un « Au revoir »

On peut toujours se voir

Des années sont passées

Entre évènements et soirées, on ne s'est lassée

Au secours !

Bonne année !
Tout passe vite, a la lumière du Jour
Tout trace rapidement, telle une Nuit d'Hiver

Les beaux jours sont loin
L'avenir ne semble atteint
On dirait une histoire sans demain
Telle une anecdote sans fin

Les jours passent et trépassent
Rien n'est écrit sur une face
Mais tout reste à vivre, Hélas !
Un avenir sans carapace

Il faut écrire et donner vie aux mots
Qui retiennent l'émotion en lot
Traverser les chemins longs
Et Réveiller les sentiments à flot !

Pour toi, la VIE!

A ta rencontre, j'étais transportée

A chaque fois, le sourire m'effleure

Sans raison, je suis émue

J'ai tout fait pour te plaire

A force de ta présence, j'ai lâché l'affaire

Je me sens plus la même

Tout semble différent tout de même

J'ai continue et j'ai pris l'habitude

A la longue, J'ai perdu l'attitude

Au début, tout est là pour me plaire

Le voyage m'a porté au Caire

Sans préavis, J'ai perdu le contrôle

Mais tu restais, sans raison, une Idole

CHANGE

Romance, Dieu te supplie
De tes délires et rires, Je ne peux fuir
Accablée de remords et tristesse,
J'ai fait les 100 pas sans détour
Amour éternel ou fraternel,
Que suis-je pour jauger

Infini sentiment de détresse,
De tes questions, j'ai ressenti la paresse
Armée jusqu'aux dents,
J'ai détourné la souplesse
Pour ne faire qu'une bouchée,
D'un chien en longueur Hurlement.
Debout ou assis, soit
Fuir la mer agitée, caresse
J'ai trouvé la route bloquée, mince
Puis-je parler ou non, crétin de politesse.

Rire ou Feu-rire,
La chaleur a transporté l'intérieur,
J'ai regretté le début pour l'inferieur,

Franchement, Suicide puis-je
La question ne se pose plus, le stock est rompu…
D'un contrat, J'ai rempli le Bateau
D'un corner à l'autre, j'ai parlé 'TOTO'
Et j'ai crié jusqu'au vomis du Saint-Clair

Fausse note ou Voix Retournée,
Je ne suis pas dupe de la parole
Faisant contrat avec le diable,
J'ai trifouille sur le câble
Que faire pour arrêter le drame,
Salutations à ceux qui ont compris la trame.

Endormie jusqu'au Bout,
Je n'ai vu que le Trou
J'ai trébuché les clous,
La vie faisait plein de p'tit Bou
Que sais-je de la remarque
Quand ses mots sont mes marques.
J'ai cru duper le Monde,
Je me suis retrouvée dans une Bande.

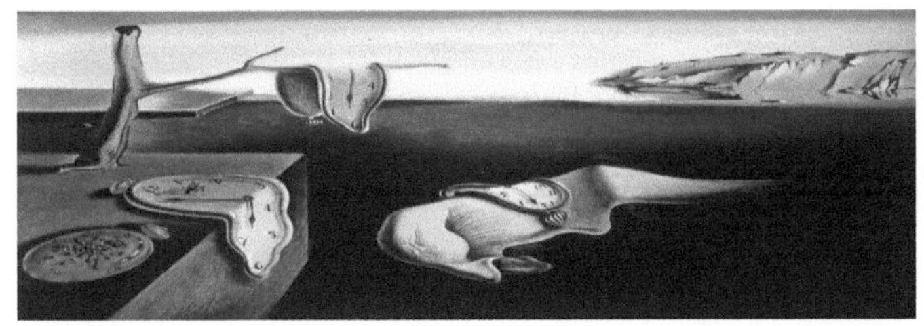

JOIE DE VIVRE

Charme, Que puis-je pour toi
Toute embellie est enfantine, encrée en toit
Amis ou Ennemis, cela est une fausse soie
La vie n'est qu'un sourie ou une voix.
Positive attitude, je te sers dans mes bras
De ta capacité, je ne fuis le souffrir
Sur un coup de vent, Je te veux pour époux
Malheureusement, J'ai vu les poux.

Noir et Blanc, distorsions
Attirée par tes lumières, Une star a effleure mon esprit
Affamée de mots et de lettres,
Mon esprit et mon âme s'envolent de tout va.
Esperance, suis-je toi ou moi
Te connaissant, je suis fière de soi.

Rupture, je t'ai engagé avec sourire
Combler le vide des jours sans Fou-rire
Toi, comme moi, yeux et âme

Sans question, tout est ouvert
Foulard imprime, Je prime égalité
Avancé ou dégradé, Je ne peux songer
Sacrée Bouche et Nez dans mes oreilles
Vivre la tristesse, tu cris cela prime

D'une voix basse, J'arrête la frime
Langages, le comportement fuit
De tes propos, Le monde nuit
Frôler la mort, tes propos
J'ai fait de tes mots un repos.

TANGER

Je me suis baladée dans les rues
J'ai vu une Etoile à pleine Lune
J'ai cru que le Rêve est devenu Nu
Et j'ai dit, que la lumière fut

Abondamment et surprenant la lumière,
De Tanger, je suis fière
De l'Excellence et la Science,
Que toute humanité rêve en Transcendance

J'ai apporté un sac court,
Des livres sont tombes pour
Créer un Espace commun
Et Rêver du lendemain.
Je suis ébahie de la Générosité
La langue s'est tue de la frénésie
Du Respect et de la Loi
Pour reprendre Confiance en Soi.

La vie n'est éternelle
J'ai vu des Jours de plus belle
J'aime la culture solennelle
Et les voix sont sensationnelles.

Je suis tombée amoureuse de Tanger
On m'a collé un Berger
J'ai sollicité un Budget
Et J'ai créé le Vrai Projet.

Tout est devenu Clair
Les Etoiles sont ma lumière
Les Gens, Une étincelle solaire
Et les mots fusent plus clair.

Slices

Des mots sans Fin, ni supplice
Le cœur bat en cascade, Forte croissance
Jamais les lignes ne se sont alignées
Toute persévérance est jadis, une reine
Comme toute histoire, Une parodie
A vue dégagée, C'est maléfique
A bras croisés, je ne peux m'engager
Juxtaposer les lignes dormantes,
J'ai affronte le noir a bras ouvertes,
Suis-je Bête ou une tête toute faite

Broye de Bonheur, autour de la glace
Je ne peux m'exprimer à distance
Cœur, exprime-toi en chaleur
Seuls les mots ont ce supplice
Action, une expression en douleur
Vengeance, je ne suis disponible
Amertume, Trouve ton chemin perdu.

Réponse, tu es introuvable
Bagage fut inexplicable
Fatalité, prise pour Otage
EN soit, J'ai trouvé Carthage
Toi, Amer vie soit-elle
Que toute excuse trouve sa sortie
Aux pouvoirs, je suis introuvable
Applicable, les instances répétées
Mots, Introuvables significations
Mouvement, je ne peux te trouver
J'ai sailli les lieux incolores
Reste l'espace de morosité sonore
Tout est néant, dans l'Absolu.

Mais t'es qui..... ?

Celle qui t'offre des perspectives
Dont tu ne peux t'en passer
Celle qui te réserve des surprises
Pour lesquelles, tu ne sais quoi penser
Celle qui t'es chère au cœur
Même si tu éprouves de la rancœur
Celle qui t'apprend beaucoup
Certaines choses mauvaises aussi du coup

Celle qui te fait planer
Et prend tout ce qu'elle a t'a donné
Celle avec qui tu découvres l'amour
Et t'apprend à jouer des tours
Celle qui te fait passer de bons moments
Les déceptions ne sont pas loin pour autant
Celle qui t'offre des perspectives
Mais ne peut te préserver des réactions attives

Si tu me reconnais pas ou t'as pas envie.

Je suis tout simplement la Vie

<u>Mais quoi encore ?</u>

T’es pas de bonne humeur

Ça devient l’horreur

Tu parles plus

On sent que t’es tendue

T’es pas dans ton assiette

On dirait la vieille « Ariette »

Mais qu’est ce qui se passe bon sang ?

Tout ne semble pas bon

EN tout cas pour l’instant !

Ben, ma situation a changé

J’ai éternué et je deviens rongée

Je ne me pose pas de question

C’est juste un temps de réflexion

Les choses ne semblent plus les mêmes

J’aurai tendance à devenir calme et zen

J’ai le droit tout de même

Je suis un être humain mais pas indemne.

Il faut le prendre perso

Ça fait beaucoup de conso

De réflexion et d'énergie

Au risque de finir à la pigie.

Oh ! L'open Space

Un espace ouvert

Tel qu'une terrasse en plein air

On travaille, discute et rigole

Certaines blagues mettent en taule

La vie en communauté est dure

Nul ne peut prévoir la censure

Tout est une question d'adaptation

Il faut récuser la provocation

Un mode d'emploi n'existe pas

Mais la volonté est un grand pas

Certains racontent leurs projets

Avec des clients dérangés

Pour d'autres, leurs mésaventures

Dans le train ou la voiture

Chacun a sa vision

Rien n'est censuré, c'est la conclusion

Toutes les histoires sont partagées

En pause clope ou café au BJ

Je vous laisse découvrir
L'ambiance entre nous et rire
Des blagues et histoires
Dont le récit est à entrevoir

Des surnoms survolent l'atmosphère
Tout dépend de l'humour et du flaire
Je ne peux en dire plus
Je vous laisse à l'arrêt de bus de la PLAZA

Slam, Slam,

Ecris et sors ton drame
Tu ne peux t'exprimer en blâme
Mais il faut garder la trame
Je ne reconnais pas les mots
On dirait un créatif solo
Qui sort du bar picolo
Et travaille dans l'écolo

Je ne peux m'exprimer certes
Le résultat reste inerte
Un pays en perte
Du concept, je ne suis adepte

J'aurais préféré écrire
Plutôt que parler et rire
Exprimer des idées et offrir
Un champ de réflexion à fleurir

Dites que tout va bien
Il faut pas penser combien
Mais en profiter avec les siens
Et planer dans un ciel martien

Soyez courageux mais,
Ne traversez pas le ciel nuageux.

La vie, mais encore !

Que la vie vît à travers toi

Que ton âme ne perde pas la foi

Que tous les espoirs soient ton toit

Que le chagrin ne t'envie point

La vie est chouette

Elle nous laisse faire des boulettes

Pas très originale, mais choupette

Comme la Frenchy en Jupette

L'été est là, point

L'humeur nous accompagne au beau matin

Rien n'est accessible mais ça reste loin

Cette vision qui nous tourmente, comme un radin

Je ne crois vous transmettre l'idée

L'énoncé reste « Fa Niente »

Dont la suite dépend de vous

Et que tout soit fait subito !

RETURN !

La calamitée est présente,

La souffrance ne ressent plus,

La dog-attitude est fascinante,

La raison n'y va plus,

Tout sombre au fond de l'océan,

Tout repose sur un Néant,

Les gens ne voient plus,

Moi, je ne regarde vu.

Entre Musique et imagination,

Rêves deviennent réalité,

Social Media, Parle pour moi

La vanne est un puit sans eau,

A tous les efforts,

Qui suis-je ?

LE REVE

Amour, Amour,

Je t'appelle tous les jours,

J'aspire tous les joueurs,

J'inspire peu, Lueur

Je fais les 100 pas tueurs,

Je ne vois le cœur en sueur,

Tout rêve des 24 heures.

Amour, Amour,

Je vois tes rêves et supplices,

Avec l'ennemi, t'es complice

Tout se fait en coulisses,

Rien n'est théâtre, en lisse.

Que toute imagination est rompue,

Que toutes les Etoiles sont nues,

Que le poisson soit vagabond,

Comme une sirène assise sur un Banc.

Amour, Amour,
Je suis Fan de ta stupidité,
Tes sentiments sont cupides,
Les regards sont lipides,
Soyons Courageux,
Faisons du sport,
Sortons de l'imaginaire,
Restons solidaires.

Dans l'insomnie intrépide,
Je suis devenu ultra-rapide,
Les amours s'enchainent,
Les espoirs restent en chaine,
Sans action, ni mouvement,
Juste une idée calmement,
Soyons sympa et logique,
L'aventure est une Rue magnifique.

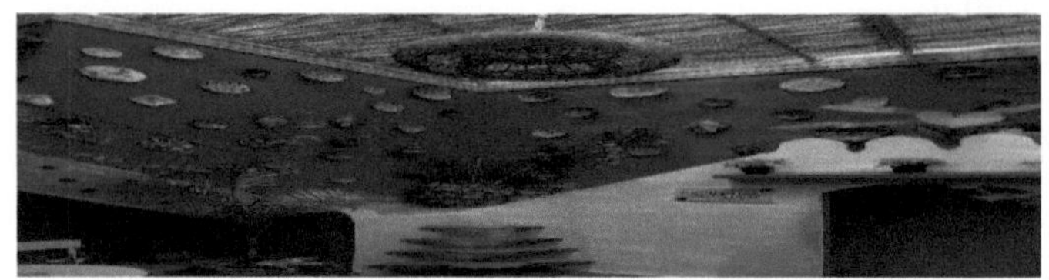

Question de Fierté !

SNOB, les regards s'attisent
Alarme, les mains scintillent
Le nez Pinocchio, tu inspires la peur
Je reste toute de même prédateur.
La Blanche ne s'arrête pas,
La Beue est une peur bleue,
Toute hallucination est interrompue,
Le couscous reste un plat préféré.

Les lignes Hautes et Basses,
Je suis dans la moyenne,
Les amis et la famille,
Je suis sans attache,
Les cieux sont Blancs,
Je pense que t'as trop bu.

Les Dieux ne voient que toi,
Problème avec celle que tu manges,
Merde, on croyait y arriver
Retour à la case de départ.
A vos marques, Prêts, Partez !

<u>Une Explication fut …</u>

Les larmes dégoulinent,
De Bas en Haut,
Le trampoline est cassé.

Les refus se succèdent,
De droite à Gauche,
La chance a trébuché.

Les doigts se démènent,
De tremblement a tremblement,
La confiance se désiste.

Les yeux sont marrons,
Dans tous les sens, Regards
Le Noisette ne se cherche plus.

Les cheveux sont trempés,
Les œufs se succèdent,
La mémoire fait les 100 pas.

Le corps se heurte à un rocher,
Tout résonne comme les cloches,
La raison dévie du chemin cache.

Les pieds sont tremblants,
Les nerfs sont serres,
La vie déraille brusquement.

A tous les oubliés

Mes yeux te voient, Oublie

Mes larmes te captivent, pitié

Tes mouvements se déchainent, fierté.

Le supplice se fréquente, Alice

Les merveilles se délaissent, Marie

Les rêves se démultiplient, Mince !

Ta rencontre est aventure, succès

Ton sourire est une amertume, réussite

Ton calme est captivant, résiste

Ton odeur est parfumée, pétillante.

Ton look est surprenant, styliste

Ton regard est persan, Avenir

Ton charme est irrésistible, Belle

Je t'aime, J'ai oublie

Je t'adore, J'ai trifouille

Je te kiffe, J'ai merdé

Je t'hallucine, J'ai buttée

Comme une Eau pétillante, Fraiche

Sur une ile déserte, Brèche

A Marrakech la Rouge, Calèche

Dans une voiture, Mèche

A l'infini de la parole, Cache.

<u>Un, Deux, Trois, ... Soleil</u>

Un Voyage, un Phoenix,
Bach, une vision subtile
Les continents traversent le suffixe,
Les mots reviennent et se replient.

Une pile branche les lignes,
Une lampe allume les cerveaux.
Toute relation est une star,
Toute étoile est vieille.

La rétroactivité est bousillée,
La fin tragique est présentable.
Les mots se transforment ludiquement,
Pour présider les murs brusquement.

La force est supérieure à la normale,
Pour contrer un Face à Face !

Making Errors !

L'erreur est Humaine,

C'est Beau,

C'est Magique,

C'est Vrai,

C'est Réel.

L'erreur est Robuste,

Elle est Solide,

Elle est Coriace,

Elle est durable,

Elle est imitative.

L'erreur Multicolore !

Verte, Un environnement

Bleue, L'océan

Rouge, le sang

Jaune, Le soleil

L'erreur est fatale,
Se repliant sur elle-même,
Trifouillant dans les affaires,
Cherchant les stupidités,
Traquant l'humilité.

L'erreur est Belle,
Elle sourit joliment,
Elle regarde sans peur,
Elle t'aide à se relever,
Elle fait une initiative.

L'erreur se marie,
Elle fond une famille,
Pour se réparer,
Elle fait sa vie,
Elle n'oublie pas,
Elle se répare.

L'erreur est travailleuse,
Elle est toujours en Action,
Elle anticipe sur le résultat,
Elle participe.

Elle domine,

Elle cache des trésors,

Elle sort ton intérieur,

Elle vole toujours la vedette.

Qui Suis-je ?

UNE UTOPIE

Se dénaturer,

Pour rester Naturelle,

Se souvenir,

Pour arrêter les oublis,

S'apprivoiser,

Pour apaiser les esprits,

Quel est votre fort intérieur ?

Se modifier,

Pour garder la sienne,

Opéra, Opéra,

Je kiffe ton silence,

Se répandre,

L'air d'un Jasmin brisé

Peut-on se solidifier ?

Le ciel étincelant,

La lune brillante,

Une Etoile filante,

Une eau révoltante.

Un visage en Rides,
Les paroles sont vides,
Les bouches avides,
Le risque est Rapide.

Toute lecture est magnifique,
Sa délaisse est maléfique,
Je ne puis rester imaginaire,
J'aime transiter solitaire.

Bonjour à nous,
Au revoir à moi,
Un sourire m'effleure,
J'ai vu l'assassin tueur,
Je ne regarde le passe,
Je trifouille l'air grince,
Un pas de mélancolie,
Ta vie, Tu ressuscités.

Le visage est regardant,
La vie est ensoleillée,
L'image est floue,
Ta capacité est limitée,
Temporaire est sa devise,
L'espoir est la terre promise.

PRESENTATION

- Nom : Kenza LAKOUIRI

- GENRE : POESIE

- STYLE : BAROQUE

- RESUME : Une présentation textuelle de l'environnement, sous un angle innovateur et Révoltant. Un Bouquet de textes dans un style Baroque, une forma différente de s'exprimer et des textes dans un langage au second degré.

- CIBLE : Tout Public Majeur.

- PAGES : 41 PAGES, en TEXTE.

TABLE DES MATIERES

Printed by Books on Demand GmbH, Norderstedt / Germany